JN439357

그리움은 별빛이다

박영배 시집

신아출판사

시집을 내면서

두 번째 시집을 상재하고
3년 만에 세 번째 시집을 냅니다.
그동안 직장생활에 감성이 다 마른 줄만 알았는데
알량한 가슴에 한 가닥 빛줄기가
밤만 되면 베갯머리에 울다 가고
철철이 옷깃을 붙잡고 동동 구르는 바람에
詩를 쓰지 않고는 견딜 수가 없었습니다.
전원생활 하는 곳이 삼천포 와룡산 자락이라서
주로 자연과 접하면서 그들과 함께 숨쉬며
그들의 메아리를 듣고 배우고 깨닫고 있습니다.
이 시집을 내는 데 큰 힘이 되어 준 집사람과
아이들에게 감사하다고 전하고 싶습니다.
아울러 물심양면으로 늘 격려와 성원을 보내주신
많은 문학 교우들 그리고 와룡에 사시는 주민 여러분들에게도
진심으로 감사의 말씀드립니다.
부족한 글이지만 누군가의 가슴에 향기로운 꽃으로
피어났으면 좋겠습니다.
감사합니다.

2012년 1월

|차례|

2
섬진강 소식

3
와룡 가는 길

4
말이 없는 사람에게

5

형님과 형수

6

여인아

7
중환자실

1
가고 오는 세월

가을밤에

그대 다녀가신 꽃자리
풀숲엔 밤이 새도록 귀뚜리가 울고
달빛이 찾아와 마루에 서성입니다

뒤뜰 바람 소리에 낙엽은 지고
댓잎 서걱대는 소리
홀로 이 밤을 감당할 수 없어
이슬 길을 나섭니다

날다 지친 반딧불도 개울가로 숨어들고
풀벌레도 잠이 든 달빛 길을
혼자 서럽게 걷습니다

걷다가, 걷다가 지고 말 꽃잎 한 장
홀로 이슬처럼 진다해도
그대 꿈길을 향해 갑니다

저만치서 쑥국새도 서럽게 울어댑니다

가고 오는 세월

누가 가고 오는 것인가
말 없는 세월
나를 스치고 가는 바람
내 가슴에 머물렀다 사라지는 이야기들
낭만의 역사들
그리워 애태우던 밤들이 꽃처럼 피다 스러지고
별빛처럼 영롱하던 옛날은 가고 없다

가을비에 들꽃이 진다
피다 지기로 한 약속이지만
어제의 하늘빛이 목이 쉬도록 우는구나

바람아 불어라
가고 오는 들녘에서
기다림도 없이 떠나는 것들을 보내주자
잘 가라고 말없이 보내주자

슬프게 가고 오는 것들이

어두운 하늘 빗줄기 사이를 스쳐간다
내가 뿌린 꽃씨가 피었다 지고
피기도 전에 지고 만다

나를 두고 가는 줄만 알았는데
아, 나도 어디론가 흘러가고 있네
한 톨의 홀씨로…

막차를 기다리며

산을 내려와 집으로 갑니다
어둠이 깔리면서 길게 뻗어진 아스팔트길에
이젠 지나다니는 사람들도 보이지 않습니다
이곳저곳에서 밥 짓는 연기가 올라오고
찬바람이 윙윙거리는 정류장에 나 혼자 있습니다

뿌연 하늘에 눈이라도 내릴 것 같은 오늘은
여름 동안 그 푸르던 잎줄기를 걷어서 불을 태우고
만신창이가 된 코스모스 씨를 받았습니다
가을인지 겨울인지 분간도 안 된 풀잎 속에
듬성듬성 고들빼기가 보였습니다

막차가 들어옵니다
이곳에서 농사일로 허리가 다 굽은 어머니들이
무거운 보따리를 움켜쥐고 내립니다
아버지들은 북망산으로 떠나시고
어머니들만 노잣돈 같은 짐 꾸러미를 안고 가십니다

산다는 것은 가을인지 겨울인지 분간할 수 없는
모진 명줄을 안고 철없이 피어난 꽃잎 같은 것.
어수선한 뒤끝은 늘 엄숙하게 다가오고
나는 그때마다 말 못한 가슴앓이를 하다가
만신창이가 된 채 막차를 타곤 합니다

시월 새벽 6시

도심가에 가을이 깊어
나뭇잎을 쓸어담던 내가 취했을까…
커피 한 잔을 뽑아든다

새벽잠은 오래전에 잃어버린 추억
쓸어도 떨어지는 이파리처럼
빈곤은 쌓이는데
시월은 사치스럽게 오가는 결벽증 같은 것이다

아직은 절망하기 이른 시간이어서
실오라기 같은 것을 붙잡아 보지만
가지 끝에 둥지는 바람 소리에도 흔들흔들
그나마 새벽이 있어 내가 있고
하늘엔 늘 샛별이 있었다

허기진 어둠 속에서
그 많은 사람들이,
차량들이 헐레벌떡 지나가고

그때마다 차오르는 느끼함
아스팔트는 고달픈 하품을 하는데…

집사람은 병석病席에 있고
나는 체인점에서 복권을 긁는 새벽 6시

가을비와 겨울 사이

추적추적 비가 내린다
가을이 가기 전에
밤으로, 밤으로
담장을 넘어
수컷의 몸짓으로 다가온다

들녘 저 모퉁이
사무치게 울던 이파리들이
가을 뒤꿈치를 붙들고 땅바닥에 구르면
탐스런 알 몸뚱어리는
빗줄기에 촉촉이 젖어들고

그렇게 겨울은 은밀히 다가와
더러는 가을비로
더러는 달빛으로
수줍은 몸뚱어리를 껴안고
뜨겁게 속삭여댄다

추적추적 비가 내린다
시월 끝자락을 붙들고
밤으로, 밤으로
샛문을 열고
수컷의 걸음으로 다가온다

8월 열나흘 밤, 섬진강에서

달빛이 서러워
차마 눈이 시리다
달을 안고 기우는 초가을
내 가슴속
별무리를 꺼내어
강의 늑골에 부려놓는다

어느 밤새가 그려 놓은 문양
길다란 속눈썹 같은 바람도
타박타박 걸음을 떨구고
저기, 돌아오고 있는
숫 몸의 물줄기
인적 없는 이 밤
누군들 서럽지 않겠는가

가을 산촌에서

오늘도 산그늘이 닿고 있습니다
저 산이 지켜본 내 하루는
들풀과 꽃빛으로 온몸이 젖었지만
어진 하늘이 내려와 수박처럼 웃을 수 있었습니다
갈대꽃 같은 그리움들이 산중에서 저절로 무르익어
내 옆구리로 쏟아져내립니다
바람이 불 때마다 기다렸다는 듯이 이파리가 떨어집니다
베다 만 구절초 풀숲으로 멧새들이 우루루 날아듭니다

아, 가을이 깊어갑니다
껴안아주고 싶은 모든 것들이 하나둘 내 주위를 떠나갑니다
목줄을 타고 내려간 물 한 모금도 이미 내 곁에서 멀어지고 있습니다
올해도 혼자 산간을 지킨다는 생각에 가슴이 시려옵니다
하나둘 밤톨이 떨어질 때마다 어둠도 가까이 찾아들고 있습니다

아, 가을

변덕스런 세파,
더러는 고단한 삶까지 짊어지고
어디로 가는지도 모른 채 달려온 세월

덜 숙성된 포도주처럼 시행착오도 해보고
가져보지 못한 꿈만 꾸면서
밤 열차처럼 깜깜한 철로를 덜커덩거렸다

그 누구도 대신해 줄 수 없는 운명,
때로는 긴 터널 같은 곳을 지나기도 하고
死線인 줄 모르고 정신없이 달리다
어느 날 모순과 허물들을 돌아보고
소스라치게 놀라 가슴을 치던
그믐달 같은 어리석음들

스산한 바람에 마음이 시려진다.
붙잡는 사람, 만날 사람도 없지만
오늘 같은 날은 어디론지 훌쩍 떠나고 싶다

무참한 세월 앞에 다 무너지고 마는 줄 알았는데
한 조각 남겨진 감성에도 들꽃이 피어나는가 보다

아무도 없는 이 전원에 가을이 내려와
한 가닥 한 가닥 옷을 벗을 때마다
코스모스가 마구 흔들리고 있다

나도 자꾸 흔들리고 싶어진다

가을편지

시월 창공에다 편지를 쓰겠소

여기는
"와룡산 산간, 칡넝쿨 우거진 머루 다래 숲에서"
라고 발신지를 적고
소식이 끊긴 그대, 어디서 무얼 하는지
궁금하다고…

찾아오는 길
도암재 너머 가을바람 머무는
보라색 구절초가 만발한 절골 아래
강 씨네 집 옥상 슬라브에 널어놓은 고추처럼
빨간 잠자리 따라 오시라 쓰겠소

찾아오시려면
혹시라도 그대 찾아오시려거든
소리 소문도 없이
내 머무는 방에 살포시 다가와
들꽃처럼 소박하게 웃음 지어주소서

추신으로
달빛 밤이면 너무 외로워
가슴이 시리다고…

카운트다운

산다는 것이
봄비처럼 슬프게 느껴질 때
내 마음에 단을 세우고
사진 한 장을 걸어둔다

낯선 그림자.
등 뒤로 찬물 같은 한기를 흘려주던
허한 저녁이 오더라도
우두커니 앉아서 빈 허공 붙잡다 보면
누군가 부르는 것 같은
불빛 없는 산길 모퉁이에
서 있는 세월

살아간다는 것은
그리움과 고통의 연속,
목련의 하얀 꽃잎이 그렇고
느지막이 내리는 폭설이 그렇고
뿌리 없이 흔들리는 슬픔이 그렇다

아무도 보이지 않는 곳으로 떠날
카운트다운을 세어야 하는 날이
나에게도 오겠지

별을 줍다가 잠이 든 아이처럼
그렇게, 하나, 두울, 셋 떨리지 않는 목소리로 그새
헤아려졌으면 좋겠다

철없이 피는 꽃

꽃이 피었네
겨울에 봄꽃이 찾아와
봄같이 살자고 하네

꽃이 피었네
겨울에 봄꽃이 잠시 와
눈물겹게 손을 내미네

철도 모르고 피었다
철없이 지고 말
소꿉놀이를 하자고 하네

냉이도 꽃다지도 어울려
와룡골 소문나도록
잔치를 벌이자 하네

그러나 철도 없는 세월은
철없이 살아야 할

너도 모르고 나도 모르는 일
벌도 나비도 없는
묵묵한 이야기를
내 입으로 다 못 전하겠네

꽃이 피었네
철모르고 피었다지만
봄꽃보다 더 화사하네

산다는 것

산다는 건 빈집을 지키는 것
빈 뜰에 그리움 짓고
밤별이 내려와 쉬게 하고
바람 불면 흔들리다
빗줄기에 실려 가는 것

산다는 건 슬픈 바다를 안는 것
영혼의 갯벌을 더듬다가
파도에 멱살 잡혀
떠밀려 왔다 갔다
그러다 물살에 씻겨가는 것

질퍽한 선창가
허름한 골방에
붉은 기색으로 숨어드는 저녁
열린 창밖으로
낮이 가고 또 밤이 온다

2

섬진강 소식

그대 아시는가

그대 아시는가
창문 두드리는 달빛 그리움에
긴 밤을 끌어안고 하얗게 지낸 세월을…

그대 아시는가
섣달그믐, 초승달 기울 때
몰래 몰래 꽃물을 올려 피운 사랑을…

그대 아시는가
다섯 장 꽃잎 그 가운데 꽃술까지도
임을 향한 마음이라는 걸…

(이른 봄 피어나는 하얀 매화를 보고)

섬진강 소식

섬진강 들녘 매화가 터졌던가
비바람 눈보라에 꽃상여 나가던가
치렁치렁 주고받은 꽃 이야기
산등성이 하얗게 뿌려놓고
꽃은 피는데 사랑은 가고 없네
아! 이맘때면 그 시절이 생각나
마음만 두근두근 섬진강으로 가네

어서 봄이 왔으면 좋겠어

어서 봄이 왔으면 좋겠어
나이가 들수록 빈집을 지키는 것이 여간 아니야
모름지기 세상은 사람만 사는 게 아니거든
오죽하면 동백이 붉게 피었을꼬…
어서 봄이 왔으면 좋겠어

상념想念

서울엔 밤새 함박눈이 날려
잠 못 이룬 사람들이 많았다는데…
어떤 이는 사랑하는 이가 있어서
어떤 이는 사랑했던 이가 떠나서

어떤 이는 내일 눈길을 걸을 수 있어서
어떤 이는 출근길이 걱정스러워서였다
지금 밖에는 우박에 바람까지 동반한 비가 온다
여기 사람들은 무슨 일로 잠을 못 이룰까

겨울은, 사람들의 생각을 알아보려고
눈도, 비도 내려주는 것 같다

꽃샘추위

추적추적 겨울비 소리
목련 가지에 쌤통 부리는 섣달

봄이 오는 소리

인자 꽃이 필랑갑네

섬

세상은 바다

나는 섬

주위는 넘실거리는 파도뿐,

세월은 밀어내고
인적人跡은 멀어져
영영 섬이 된 나

오점汚點

아들이 없어서 힘 빠질 때가 있었다

명절 때,
제사 모실 때,

공들인 딸 녀석들 다 보내고
여덟 폭 병풍 앞에
촛불 바라보며
꼴 타령을 하곤 했다

그때마다 밤하늘엔
별무리도 가득했다

내 인생에 오점汚點,
그것이 가끔 내 멱살을 잡는다

흐르는 것

흐르는 것이 어찌 물뿐이랴
모든 것이 흐르는 것이니
나이 많다고 서러워 말고
이별이라 괴로워 마세

가고 오는 것,
만나고 헤어지는 것이
모두 다 하늘의 뜻인데
이제 눈물 거두고
우리 함께 흘러가 보세

관세음보살
인연 따라 모인 것은 인연 따라 흩어지니
태어남도 인연이요 돌아감도 인연이라
관세음보살

정情

눈에 보이지 않고
잡히지도 않는 것이
끈질기게 붙들고
이리저리 애를 태우네

허무하다
부질없다
아무리 무심하려 해도
본시 태생이 어리석어
자꾸 뒤를 돌아다본다

사랑도 재물도

사랑도
재물도
한낱 낮달 같은 것을
양손에 움켜쥐고
놓질 못하는구나

오늘 내 것이 내 것이 아니고
내일 네 것이 네 것이 아니거늘
내 것도 아니고
네 것도 아닌 세상에서
내 것 네 것 가리지 마라

잠시 몸 하나 빌려
이승에 왔다가
부질없이 떠나갈 걸
재물 쌓는 것도 우습고
정을 쌓는 것도 우습다

어느 날 훌훌 털고
막막한 길 떠나면 알리라
많이 쌓으면 마음이 무겁고
적게 쌓으면 걸음이 가벼우니
그때 뉘우친들 때늦은 후회라

사랑도
재물도
한낱 낮달 같은 것을
분수껏 누리다
가벼이 놓고 가세

봄날은 간다

울지 마라
분 바른 얼굴에 눈물 자국 서러운 누이*야

꽃피고 지는 것이 어디,
마음먹고 저지른 불장난도 아닌데
산모롱이 돌다 말고 엇그제를 헤적인들
침침한 그림자들뿐,

비 내리고 바람 불면
꽃은 저절로 피고 지는 것
가슴만 무단히 아플 뿐이다

설워 마라
연분홍 치마저고리 수줍던 누이야

벌 나비 오고 가는 것이 어디
마음놓고 저지른 꽃놀이도 아닌데
뒤돌아서서 손 흔들고 발 동동거려도

봄날을 흔들다 간 노을뿐,

비 내리고 바람 불면
꿈도 함께 시드는 것
애꿎은 꽃잎만 날릴 뿐이다

* 봄

오월이 간다

오월이 간다
산딸기 지천에 뿌려놓고
내 어린 날 함께 놀던
아까시 꽃이 지고 만다

숱한 환희와 축제를 뒤로 하고
염문을 피우던 봄꽃들이
저마다 사랑을 잉태하고
오월 가슴에 눕고 만다

푸른 물결처럼
녹녹한 앞산 이파리들이
날개를 달고 푸드득 푸드득
오월 하늘로 날아오른다

앵두 같은 미소를 남겨놓고
수줍게 익어가는 것들아
나는 얼마나 가슴을 쳐야

너를 또 보낼 수 있을까

들을 건너오는 트랙터 소리
누런 보릿대 뒤척이는 몸짓
너를 보내고 난 들판에서
한바탕 피워오를 그리움

눈을 감고 사니

눈을 감고 사니
급할 일도 없고
무서울 것도 없네

눈을 감고 사니
욕심도 필요 없고
하루 세 끼도 감사하네

눈을 감고 사니
헛것도 안 보이고
세상이 천국이로세

3

와룡 가는 길

와룡 사람들

길게 널린 한내 천 따라
종다리 멋 부리는 보리밭도 지나
휘늘어진 아스팔트 고개 넘어
산 냄새 물씬 나는 촌 동네

끌어안고 소곤대는 앞산, 뒷산
텃밭에 당근이랑 쪽파 심어
봄나물처럼 살아가는 사람들

잔잔히 흐르는 물소리
햇살은 꽃빛에 젖고
바람은 향기에 취하고

꽃 숲 속에 꽃처럼 사는
새섬봉 아래 와룡 사람들

봄을 담아왔습니다

산등성이 햇살이
긴 하품을 하는 오후,
매화는 하얀 드레스를 입고
출발선에 서 있는 신부였습니다

경운기는 들판에서 온종일 봄을 갈고
나는 밭둑에서 봄을 담아왔습니다
쑥도 한 줌, 냉이도 한 줌

윤씨와 그 어미

장짐을 싸놓고 빗질하는 팔순 어미,
젊어서 혼자 된 설움이 쏟아져내린다

밤이면 달빛도 울고 간다는
와룡골 대[竹]숲 아래
恨 서린 칠십여 년을 고스란히 묻고
쪽파처럼 살아온 세상

구부러진 허리
노을진 발걸음
걷다가 쓰러지면 그 길이 저승인데
집에 있으면 삭신이 쑤시는 터,
버스를 타고 장터로 나선다

다 팔아야 몇 푼 안 되는 보따리 속에
노잣돈 같은 도라지, 더덕, 당귀 몇 뿌리
장 구루마를 끌고 내려가는 어미를
담 너머로 내다보는 윤씨 눈빛에 이슬이 고인다

죽순竹筍

대나무 숲에
오늘밤 유난히 달이 밝아
가슴이 내려앉을 것 같습니다

간간이
바람 소리에 따다닥 따닥
댓개비 부딪치는 소리

금방이라도 삵이 돌담을 넘을 것 같은
윤 씨네 뒤뜰.
지금 땅을 밀고 올라온 사내에게
달빛이 몸을 내어주고 있습니다

꽃동네 와룡골

봄은
먼 들녘을 따라
개울 건너 보리밭도 지나
봄나물처럼 오손도손 다가온다

안개 낀 산허리
등 기대 모여 살던 산동네
마을회관 창밖으로 다가오는 꽃빛,

밭고랑 살랑이는 바람에
굽이굽이 진달래 붉은 뒷산
눈부신 매화
마실 나서는 개나리

봄은 한나절 꽃 잔치를 열었다

와룡산 불붙었네

와룡산 불붙었네
작년에 붙은 불이 또 붙었네

저것 보게
등성이 고만, 고만
아직 피도 안 마른 것들이
이글이글 꽃불이 따불로 붙었네

저 불을 누가 끄나
산불 초소 이 씨도 못 끄고
소방차도 못 끈다네

불이 훨훨 타고 내려와
기도원 뒷산에도 붙었네
마을 회관은 온통 불바다라네

와룡 사람들은 불 속에서 산다네
강 건너 불구경한다네

꽃불에 홀딱 빠졌나 보네

내년 봄, 보나 마나
와룡산 등성이 고만, 고만
몸 푸는 소리 요란하겠네

와룡 가는 길

와룡으로 가는
휘굽어진 아스팔트길
파란 보리밭 아지랑이 따라
물오리 놀던 저수지도 너머
고사리 꺾고 산딸기 붉던 언덕배기
송전탑 어디선가 슬픈 종다리 소리
꽃 잔치 벌어진 산동네
물소리 바람 소리 어우러진 울 엄니 품속,
꼬리치며 달려드는 돌쇠 녀석

산포도 아래서

속이 가득 차고 여문,
단내가 온 산에 그윽하면
둥둥 8월도 매미 소리에 실려
산간을 떠내려간다

청빛은 청빛대로
흑빛은 흑빛대로
성숙한 몸매에 저절로 수줍은 아이들
진한 향기에 뭇, 산山 것들이 찾아와
내력을 쪼아보고 훔쳐보고…

어제도 노루가 내려와
한입에 우둑우둑 깨물고 싶은
밤을 지새고 갔었다

산포도 아래서…

와룡골 윤씨

젊어서 통 큰 짓 한 번 했음 직한 윤씨.
그 작은 가슴에 꼬깃꼬깃 숨겨 논 사연은
팔순 엄니도 다 헤아리지 못했다

어려선 머리 좋고 공부 잘한 효자가
이틀이 멀다 않고 가슴에 불을 지르며
비틀거린 지 이십여 년

낼 모래 이순耳順이 되도록
사랑은 모르고
여자는 아는 바가 없고
결혼은 쓸데없는 부르주아라고 했다

일찍이 홀로 된 팔자가 서러워
자식과 금을 긋고 뒷산에 목을 매달고 싶어도
차마 눈을 못 감는 엄니,

엄니 때문에 장가 안 간다는

풋살구 같은 소리를 하는 아들에게
욕을 한 바가지 쳐 발라 줬다
취기가 오르면
허공을 향해 恨을 쏟아붓는 그곳엔
보이지 않는 또 다른 세상이 있는 것일까
멋대로 가는 세상이 싫어졌거나
허구에 찬 현실이 귀찮았거나

아무튼 인정이 넘치다 보니
윤 씨 것은 먼저 본 놈이 임자라고,
누구든 비위를 살살 맞추면
간肝을 쓰윽 빼서 주는 바보

"행님!" 하고 혀 꼬부라진 소리
"이 사람아 아침부터 취하면 어떻게 하나
자네가 있어야 농장에 물이 펑펑 내려온단 말여."

어젯밤 넘어져서 퉁퉁 부은 얼굴에
헤벌쭉 미소가 돈다

산촌에서

산에 들면 공空으로 다가오는 여유
기지개처럼 쏟아지는 햇살 아래
존재를 일깨우는 저들의 소리

귀 기울이다 보면
어느새 풀잎 위로 맺히는
나의 노래 한 구절도 입술에서 흘러나와 피는
꽃이 되는가

지난해
함께 있어서 행복하였으므로
다이어트를 시작하는 산허리가
노을빛을 닮아가는 계절이 온다 해도
산 다람쥐 쉬어 간 발자국 아슬하여라

설원처럼 깊어지는 그리움
겨울이 깊어도 이곳에 있을 것이다
눈발처럼 쏟아지는 희미한 그림자 아래.

초가을

밤낮 길이가 같다는 추분,
비틀거리는 뙤약볕 아래
반쯤 익은 호박은 절로 배가 부르고
장에 나가 선을 뵐 과실들은
하루 볕이 서럽다

칡꽃, 도라지꽃
마음놓고 어우러진 와룡골
밤 밭에 윤 씨
발걸음이 바쁘고
포구나무 아래
돌쇠 팔자가 상팔자다

삼천포 바다

잘 가다가 빠졌다는,
무공해 배추 속 같은 남녘 저 아래
물 깨끗하고 횟감 싱싱해서
입맛이 쩝쩝 당기는 삼천포를 아시나요

코끼리 상어만 한 아치를 머리에 이고
바지를 걷어올린 징검다리가
뚜벅뚜벅 한려수도를 건너는,
삼천포 대교에서 해돋이를 보셨나요

해가 기울면 실안 너머 찻집은 낙조에 물들고
끝도 안 보이는 서포대교 건너 조용한 카페에서
연인들 사랑 이야기가 넘칠 것 같은
낭만의 작은 나포리

파도는 군데군데 섬 사이를 출렁이고
눈 비비고 나간 뱃사람 그물 걷어 오면
사람도, 바다 생물도 함께 어울려

꿈틀꿈틀 새벽이 열린답니다

바닷가 굽이굽이 늘어진 해안도로
소라처럼 옹기종기 모여 사는 사람들
가다가 빠져도 또 빠지고 싶은 곳
늘 그리움으로 출렁이는 삼천포 바다

4

말이 없는 사람에게

기둥

기둥을 뽑아 술값으로 넘기고
세상 볼 낯이 없어 훌쩍 가버린
남편의 빈자리는 자갈길 같았다

어린 자식들은 빈 주머니에서 울고
고달픈 가슴에서 보채다 잠이 들면
그저, 하루에도 몇 번씩 저승길을 넘보다가
뜬눈으로 밤을 보내고

텅 빈 허공으로 넋을 끌고 가던 사내
"버티고 서 있기만 해 줘도 든든할 텐데…"
라고 수천 번 곱씹던 여인네는
자식들 다 키워 내보내고

어느 날, 마음의 집을 짓고 싶어
기둥이 하나 있었으면 했다

아내와 주방

스무 살 아내는
풀무질을 배운 부엌에서
가스불로 요리하는 주방까지
솥뚜껑 무사고 운전에
딱지 한 번도 떼인 적 없는
사십 년 경력의 모범 운전수,

부엌 안에서는 슈퍼우먼이자
절대적 달인이다
누구도 흉내내기 어려운 요리박사이자
식구들의 건강을 책임진
거대한 청정해역이다

가난을 벗느라 발버둥치고
삶 앞에서 늘 고뇌하는
아내는 반쯤 넘어
청춘의 꽃물이 바래어 버렸지만
그래도 내 눈 속에서는

이 세상에서 제일 아름다운
한 아름의 꽃이다.

불청객

어둠에 밀려
지친 몸으로 들어서니,
옷장이 열리고
이불가지가 어수선한 채
서랍 가방 책꽂이 책들이
여기저기 널브러져 있더구먼

누군가
손자 돌 반지 한 돈
십팔 케이 군대 기념반지 몇 개
돼지 한 마리 꿀꺽 해치우고
이백육십 밀리 신발로
내 심장을 마구 짓밟고 다니면서
허파여 간장이여 목구멍까지
구석구석 들여다보고 갔더라니까

이제 남은 건 빈 껍데기
그것마저 가져갈 불청객은

또 언제쯤 다녀갈려는지

돈으로 살 수 없는 것들이
돈으로 셀 수 없는 것들이
청승맞게 내리는 빗물에
어디론가 떠내려가고 있어

말이 없는 사람에게

말이 없으면
눈빛이라도 읽어야 하는데
내 눈앞에 없으니
나는 너에게 눈뜬장님이다

우리에게 말이라는 게
서로 오가는 길이 아니겠니
아득한 저 별도
우뚝 솟은 저 산도
마음으로 가는 길이 있어
가끔 친구가 되어주곤 하는데

말이 없는 너는
산山보다도 높은
별보다도 먼,

그보다 한참 더 먼

갈 수도 없고
마음의 길도 없어서
내 더듬이만 까딱거리고 있다

언젠가 우리

우리, 가벼이 만나던 인연도
더러는 꽃으로 나비에게 흘렸던 향기도
한때의 꿈이었으리

기뻐서 웃는 것도
괴로워서 우는 것도
철새의 날갯짓 같은 우리네 살림살이

애써 잊으려고 몸부림치는 사람들아
냉수사발에 어른거리는 그리움도
꽃처럼 향기가 있나니
한때의 풋사랑으로 기억해 두시게

사람은 꽃이고 별일세,
별에서 내려와 꽃으로 살다가
별로 흘러가나니

언젠가 우리 그곳에 돌아가거든

밤을 세며 그리워하자
꽃처럼 향기롭게 속삭여 보자

저기 내 별,
그 옆에 그대 별,

기별

내일쯤 꽃이 필 것 같다고
남풍이 부네요
그러세요

요즘 하루하루가 꽃 소식으로
바쁜 한나절이랍니다
지금도 연신 몽오리가 달아오릅니다

일손이 모자라
일일이 다 기억을 못할 때도 있답니다
빠트렸다고 서운해 하지 마세요
일단, 피고 나면 벌 나비들이 샅샅이
확인하니까요

순서를 가려주세요
아무리 꽃이라지만 품위는 지키셔야지요
이월 매화, 오월 난초,
유월 목단이 아니던가요

시절도 시절이지만,
철철이 꽃 보러 오실
상춘객 입장도 생각하셔야죠

꽃필 자리가 매진되거나
시간 제한은 없으니
찬찬히 예쁘게들 피어보셔요

향기는 각자 셀프랍니다

빨래터 아낙

한숨을 내려놓고
풀어헤치는 눈물 보따리
비탈 밭 헤집던 가시덤불이
목줄을 타고 내려가면
물소리에 속내를 감추고

질근질근 비누질로
때묻은 가난을 씻어내고
고단한 찌꺼기를 벗겨낸다

토닥토닥 방망이질,
어두운 세상을 두들기고
잠든 메아리를 깨워
물살에 흘려보내면

그나마 옷가지들처럼
제 빛으로 돌아오는 후련함
세상일이 빨래처럼 될 수 있다면…

집으로 오는 길은
아낙도 옷가지들도
따스한 햇살에 활짝 웃는다

코스모스 여인

여인아,

강가에 서서
강물처럼 말이 없던 여인아

시월 햇살을 흔들며
눈시울 짓던 여인아

바람 불어 슬픈 날을
꽃으로 울다가, 울다가
은빛 물살이 저물어갈 때
비명도 없이 스러져갈 여인아

하얀 눈 포래 날릴 때까지
미소 한 번 흘려주지 못할 여인아

허지만
나를 붙들고 영영
놔주지 않을 가련한 여인아

모닥불

잘난 것 못난 것들이
불덩이 속에 궁굴다가
시커먼 숯덩이로 변해
굴곡과 불평등이 없는
어느 자유의 광장 같은 곳
언제라도 품어줄 것 같은
어머니 가슴팍,

할 말을 잃고
추위에 지친 얼굴들이
바람찬 거리를 헤매다
한 줌의 소망을 던지는 곳

너와 나 사이

너와 나 사이
마음의 거리가
하늘과 땅
아니면 천국과 지옥쯤 될까

달려가면 마주 보고
고달픈 영혼을 어루만지곤 하는데,
어쩌다 등을 지고 돌아서서
마음의 가지를 자르고
길을 끊고 문을 닫아버려
천 리 길보다 더 먼,

너는 하늘로 치솟고
나는 땅으로 꺼진 채
자꾸 뒷걸음만 치고 있구나

너와 나 사이
질그릇 속에 곰삭은 사연들이

쟁쟁히 내 머리를 흔들고
너를 닮은 슬픈 미소가
늦은 밤을 뒤척이게 한다

조명이 꺼지고 관객이 빠져간 무대
잡초가 무성히 자라,

너와 나 사이
그나마 이젠 길이 보이지도 않는다

눈이 내린다

눈이 내린다
오지奧地 산간
찻길도 끊긴 종착역

이른 아침 문밖 조간신문처럼
송이송이 하얗게 잊고 지낸 사연들이
은갈치처럼 반짝거리며
내게로 온다

몇 굽이 산간 막을 마다 않고
그리운 사연들이 찾아와
눈발을 헤쳐가자 한다

한때의 사연들을 무성히 주고받으며
성큼성큼 눈밭으로 가자 한다

가자 눈밭으로
그리워 몸살하던 어젯밤처럼
뚜벅뚜벅 걸어나가
하얗게 꽃을 피우자

장터에 가면

장터에 가면,
할아버지 새끼 꼬시던
사랑방 냄새가 나서 좋고
돼지 국밥에
뜨끈한 국물을 먹을 수 있어서 좋고
내가 가보지 못한 어느 산골
하늘과 산을 쏙 빼닮은
강아지 눈빛을 볼 수 있어서 좋다

새벽 별을 보고 집을 나섰을,
각설이 어깨 춤사위에
사람들은 덩달아 즐겁고
손자 생각에 꼬깃꼬깃 감춰 둔
할머니 비상금도 푸드득 날아오른다

장터에 가면,
사람들은 저마다
시골 냄새를 가지고 어우러져
한바탕 구수한 냄새로 정겹다

5

형님과 형수

철쭉

그 꽃 밟지 마시게
세한의 엄동을 견디고
핏빛 꽃물 게워내다 지친
그리움이라네

그 꽃 꺾지 마시게
새벽 찬 서릿발 아래
붉은 소망 한 줌 애를 태운
서러움이라네

임 그리다 망단한 마음
꽃빛으로 넘쳐나면
언젠가 임이시여
먼 데서도 알아보고

다녀가시려나
다녀가시려나

갈대

갈대라 했나요

교태부리고
눈웃음 흘리다
마구 스러지고 밟히는...

아시나요
욕설을 던지고
침을 뱉아도
어둠으로 찾아드는 길손*을 품고
밤새 몸 비비고 나면
육신은 만신창이라도
우리네들 영혼이 맑아진다는 것

아! 외롭습니다
달빛에 흔들리고 싶습니다
저녁 바다로 당도하는 임이여
썰물 빠져나간 자리는

그대를 받기 위한 몸부림입니다

오늘밤도
그대를 위해 화장을 하고
정중히 밟힐 것입니다

아시나요
내가 스러지는 밤은
달빛도 숨을 죽인다는 것을

(갈대의 심정을 쓴 글입니다.)

* 철새

친구 동생

살인殺人을 한 죄명으로 8년간 복역 중이던 친구 동생이
모친상 관계로 잠시 세상으로 나와 어머니 영정 앞에 무릎을 꿇었다

한때 나의 대원으로 소속돼 있었던 터라 나를 알아보고
정중히 인사도 했건만 나는 정녕 그를 알아보지 못하고
"그냥 먼 친척관계인가." 하고 가볍게 인사를 받았다
형보다도 나이가 더 들어 보이는 얼굴,
웃음기는 두고라도 잔뜩 경직된 표정에다 몹시 불안해 하는 그 눈빛은 오래전 밝고 씩씩했던 나의 대원이 아니었다
평소 성격이 활달한 건 있지만 그렇게 큰 죄를 지을 만한 위인도 못 되었는데
어쩌다 그런 실수를 저질러서 칠순 어머니 가슴에 대못을 박고 말았는지…
그 어머니는 늘 고개를 아래로 숙이고 염주를 굴리고 다니셨다
가끔 관음사에서 뵙게 되면 구부정정 허리도 못 펴시고 석가 상 앞에 오랫동안 울고 계시는 것 같았다

결국, 아들이 밝은 세상을 보기도 전에 어머니는 한 많은 세상을 떠나셨지만 그 자식이 평생 가슴을 치며 살아야 한다고 생각하니 왜 이렇게 갑자기 세상이 미워지는지 모르겠다

일당 칠만 원과 소주 한 병

호주머니에 있는 칠만 원은 새벽밥을 때우고 인력소로 나가

어린 시절 해맑은 웃음과 병든 마누라가 싸준 도시락과 기가 다 죽은 내 눈동자를 팔아서 벌어 온 돈입니다

하루의 노동판에서 나는 칠만 원짜리가 되기 위해 막일에 몸뚱어리를 맡기고 그것도 부족해서 수백 가지의 갈등과 수백 가지의 불만조차도 조각나도록 부셔버렸습니다

칠만 원이란 놈이 그동안 저를 우습게 본 내 멱살을 잡고

비계목* 저 높은 곳으로 끌고 올라가 그냥 밀쳐버릴 것 같아서 질통을 메고 올라갈 때도. 내려올 때도 내 다리는 벌벌 떨렸습니다

칠만 원짜리 하루해는 그렇게도 길었습니다

덤으로 뜨거운 열기까지 머리 위에서 이글거리고 바짝 마른 침샘이 말문을 막아버렸습니다

나는 압니다 하루에도 수많은 사람들이 글 몇 자로 쏟아내는 절규를…

어둠이 밀려올 때쯤, 오늘도 인력소 앞에는 빈 소주병이 널려 있습니다

일을 마치고 집으로 가기 전, 소주 한 병쯤은 마셔야 병든

마누라 얼굴에 웃음을 활짝 쏟아 줄 수 있기 때문입니다

* 공사판에서 비계를 매는 가늘고 긴 통나무.

화약산 서 반장

화약산 막장에서 여럿이 실려 나갔다 그때마다 암석도 수십 대 실려 나가고 공구리* 반장도 함께 날라 갔다

새로 온 서 반장은 육척에다가 눈빛이 초경암보다 더 날카로웠다

경부고속도로, 오대산, 지리산 지옥 같은 막장을 누비며

공구리만 이십 년도 넘게 비볐다는 대원 다섯 명도 함께 데리고 왔다

술 잘 먹고. 욕 잘하고 일을 시작하면 철판에 불이 나도록 밀어붙이지만 늘 머리 꼭대기에서 째려보는 돌조각에 더 민감했다

비비기 전에 들어가서 비비고, 비비고 나서 또 들어가서 비비고…

"막장은 벨로** 들어 다니는 거 아니여 쏟아질 곳은 내 머릿속에 다 입력해뒀지 모래알이 사르르 흘러내리고 물방울이 우두둑 떨어지면 그네들 똥 싸는 표정이 보여 그로부터 이삼십 초 안팎이야, 공구리 반장은 아무나 하남?"

일천사백 고지 숨통에 바람 구멍을 내는데 중봉***中峰은 기꺼이 서 반장에게 관통을 허락한 것이다

서 반장 일행은 금강 쪽으로 간다고 떠났다

대가 찬 사람이지만 몇 달 동안 주름 자국도 제법 깊어진 것 같았다

* 시멘트에 모래와 자갈 따위의 골재를 적당히 섞고 물을 가하여 반죽한 것.

** 건성으로의 방언.

*** 화악산의 최고봉.

대장 내시경內視鏡

우르릉 쾅, 우루루루루 꽝…
번쩍, 우루루루…

시도 때도 없이 천둥 소리는
나를 민망하게 하다가
아랫도리까지 불안하게 했다

그렇겠지, 아무도 모르는 신비를 품고
고물고물 육십 년도 넘게 지켜왔는데
그걸 못 믿고 감히 천기天機를 엿보다니

그것도 모자라서 온 세상에 내보이고
콩이니, 팥이니 왈가왈부했으니
얼마나 분하고 가소로웠겠어

오장五腸이 뒤집혔는지
하늘에선 장대비가 쏟아지고
이쪽저쪽에서 천둥 번개가

며칠째 그치지 않고 있다

그나저나 이놈의 장마는 언제 그치려나…

김 형

칠순도 되기 전에 풍風 맞은 김 형,
성치 않는 입으로 덜 떨어진 말이 흘러내리는데
젯값을 받아도 싸다고
늘 가슴을 치며 젊어서 내다버린 조강지처를 떠올렸다

무일푼으로 시작해서
잘 살아보자고 남자 하는 건 죄다 배워
사내가 되어버린 억척녀,

자식 농사는 뒷전이고
재산만 모아다 준 여편네가 싫어
어느 요정 집을 곁눈질해
눈 맞은 새 여자와 몰래 살림 차리고
아이를 둘씩이나 낳아 안방을 갈아 치웠다

여편네는 울화병으로 세상을 뜨고
재산을 정리해 첩년 고향으로 내려가
옥루몽玉樓夢 같은 새 판을 짰으나

첩년은 여우로 둔갑하고
새끼 여우들은 간肝을 빼먹었다

단물 신물 다 빠진 김 형은 똥친 막대기 취급당하다
빈털터리에 반신불수로 어느 기도원에 맡겨져
올해 삼 년째, 꺼져가는 명줄을 붙잡고 시름을 달래고 있다

세월은 허무하고 인생은 무상無常한 것,

건강검진 장에서

병원 대기실은 또 다른 삶의 현장이다
응급실에서 아우성치는 소리
침대에 실려 가는 사람
수술실 앞에서 기도하는 사람
문진표를 쓰는 사람
검사를 마친 사람, 이제 시작하는 사람

결과를 기다리는 표정들은 하나같이 어둡기만 했다
옷차림도, 엷은 웃음도…

한 사람씩,
또 한 사람씩 의사에게 불려 들어가 한 마디를 듣는 순간까지
술 담배를 줄곧 달고 다니며 고래고래 소리 지르던 김 씨나,
배가 남산만큼 튀어나온 윤 씨나
병원이 무서워서 평생 처음 왔다는 이 씨나
말을 곧잘 듣는 어린아이들 같았다

누구나 피해갈 수 없는 일이지만,

작년 건강검진에서 "빨리 큰 병원에 가보라."는 의사 한 마디에 영영 돌아오지 못한 덕만이 아버지도 이런 심정이었을 게다

얼마나 기다렸을까
호흡을 가다듬는 시간
"좀 안 좋지만 앞으로 술 담배 끊고 약 먹고 치료 잘하면 괜찮을 거다."
의사 한 마디에 김 씨의 얼굴엔 화색이 감돌고 술 담배를 끊겠다는 무언의 다짐이 눈빛으로 흘러나왔다

그날 밤 김 씨네 집에서는 오랜만에 웃음소리가 들렸을 것이다

깨복쟁이 친구야

오는 사람이 있으니 가는 사람도 있어야 안 되겠느냐던,
그 엷은 미소까지 불 속에 넣고 태워서 뼛가루를 뿌리고
돌아서던 날 너와 내가 담고 있던 옛 고향 초가집 좁은 골목
철없던 장난거리가 내게로 달려와 옷깃을 붙잡는다

"가야겠다."고 주섬주섬 정리를 하던 그날은
깨복쟁이* 친구가 오월 들꽃만큼이나 불쌍해서
뻐꾸기는 한나절을 울다 갔을까

저 말짱한 하늘빛이 너도나도 모르게
우리 소중한 그것들을 야금야금 갉아먹고
지금도 몸서리치게 웃고 있다

너를 보내고 비틀거리는데
어느새 그 미소가 달려 와 눈앞에 닿는구나

* 벌거숭이, 옷을 다 벗은 사람을 뜻하는 전라도 방언.

말이 없었다

장 씨도 가고
윤 씨도 가고
향우 조 씨도 달포 전에 떠났다

네캉 내캉 오래오래 살자고
고래 힘줄 같은 다짐 해놓고
마파람에 방구 새듯이 가버렸다

그네들 가고 나니
술맛도 없고
살맛도 안 난다

그래, 자네들 그곳 재미는 어때?
있을 만해?

가고 나면 말이 없었다
지금까지 한 사람도
술에 취한 건지
재미에 빠진 건지

비둘기

내 그럴 줄 알았다
꼬부랑 할매가
꼬불꼬불 심은 콩씨, 팥씨,
염치없이 파먹고

떼거리로 몰려와
노점상 음식도 훔쳐 먹고
뒤뚱거리며
여기저기 똥 깔기고
먼지 날리고…

산비둘기
집비둘기
유해 조수라고 먹이 주면 벌금낸다니
이제 너네들 다 죽었다

평화의 상징으로 칭송받고
기쁜 소식 물어다 주던
그때가 옛날이다

삼복더위

눈썹도 무겁다는 한나절
바람은 오래전에
뱃사람하고 눈 맞아 줄행랑치고
비가 온다는 기별만 무성한 채
하늘은 말짱 부도수표다

이제나 저제나
샛문으로 눈길 보내며
오늘도 부채 들고 한시름

그래도 어둠이 들면
물 한 바가지 뒤집어쓰고
모깃불에 잠드는 새벽,

돌쇠야 짖지 마라 주인영감 마음 변할라

형님과 형수

농사꾼 40년에 칠순 형님은 무릎이 절단나고 형수는 허리가 구부러졌습니다

형님은 무릎을 인공관절로 두 번이나 바꾸고 형수는 척추 수술을 했는데 그때 의사의 경고를 무시하고 지시에 순순히 따르지 않았습니다

젊어서 물려받은 전답 몇 동가리 그리고 맨주먹. 촌무지렁이처럼 살아도 하루 세 끼 먹을 수 있다면 감지덕지하다는 부모를 떠나 아이들은 철새처럼 날아가 버리고 한 뼘, 두 뼘 사다 모은 애물단지에게 멱살 잡혀 태풍, 폭우에도 그 자리를 벗어날 수가 없었습니다

경고를 무시한 대가는 엄중했습니다

무릎이 퉁퉁 붓고 척추 뼈가 튀어나오고, 한 사람은 절름발이 한 사람은 기역자, 형님은 밤마다 술에 취해야 잠이 들고 형수는 끙끙 앓다가 날이 샙니다

지금이라도 뛰쳐나오고 싶어도 몇 년째 개발 제한구역에 발이 묶여 이럴 수도 저럴 수도 없는 처지에 내년 아이들 줄 식량 걱정을 하십니다

6
여인아

나의 詩

내 가슴에 곰삭은 꽃 편지
행성처럼 떠돌다
어느 겨울 숲에서
천신만고 끝에 내가 된 너,

온몸을 들쑤시고
피를 거꾸로 흐르게 했던 모퉁이를 지나
쓰디 쓴 담배 연기 한 모금을 마시고 잉태한
거룩한 영혼아

물 따라 바람 따라
너 가슴에 샛노랗게 봄이 닿는 날
어느 양지 촌에 머물러
화사하게 꽃으로 피어라

겨울 밤 0시

별이 보이지 않는 밤
매서운 바람에 보도블록이 납작 엎드려 있다
가로등이 측은하게 내려다본다

빙점의 시간,
그렇다고 조금 전과 후가 달라질 것도 없지만
내 스스로 만든 올가미에 갇힌 나는 촉수를 잃고
(늘 그렇듯이) 꽃무늬가 있는 머그잔에 아메리카노를 가득 탄다

혹시나 문을 열고 들어와 줄 것 같은 내가 기다리는 너는
별에서 내려와 꽃처럼 피는 하얀 눈송이 같은 것,
머그잔에 활짝 핀 너의 영체靈體*를 마시고
내 가슴에 길게 주단을 깔고 나면 뚜벅뚜벅 걸어올 것 같은데…

내 원고지엔 매서운 바람만 불고 보도블록들이 주눅이 든 채 납작 엎드려 있다
형광 불빛이 물끄러미 내려다본다

한 땀 한 땀 바늘귀를 누르듯 섬세하게 들리는 초침 소리
오늘도 네가 올 것 같지 않은 내 가슴은 깜깜한 채
밖에는 사락사락 눈이 내린다

* 신령스러운 몸.

시인들은

시인들은
산도, 강도
초가집 뒤뜰도 버렸습니다

시인들은
밤하늘 별도 달도
삼경三更에 우는 소쩍새도 잊었습니다

시인들은
달래냉이 꽃다지
버들강아지도 싫답니다

시인들은
불빛을 쫓아
불나방이처럼
자꾸자꾸 강남으로 갑니다

시인들이 두고 간 뒤뜰에는
별과 달이 몸져누웠습니다

임에게로 가는 동안

내 마음 허투루 날지 못하도록
하루에도 몇 번이고 꾹꾹 눌러 앉혀도
바람 한 자락에
슬픔 한 웅큼에
밤이면 당신께로 향합니다

밤길은 달빛으로 별빛으로
송두리째 아름답습니다
누구도 이 길을 막아설 수 없습니다
가로챌 수 없습니다

임에게로 가는 길이 너무 떨려오던 날이거든
술 한 잔에 나를 담아 삼키어도 버렸습니다
취한 걸음 되어 부디 더디 가라고
잘박잘박 따라 나선 발길, 비틀거려도 보았습니다

그리움의 꽃등을 달고, 앞산의
진달래는 벌써부터 한참이나 붉기도 붉었습니다.

(글을 쓰기 위한 몸부림을 글로 옮겼습니다.)

그리움은 별빛이다

그리움은 별빛이다
사랑도 그리움도 번뇌인 것을
부질없이 너를 담고 백여덟 고개를
정강이뼈가 녹아 흐르도록 넘다가
은하수 따라 어느 별자리에 머물러
꽃으로 피다 질지라도
지워지지 않는 그리움은 별빛이다

금이 가서 부서져버린 세월이라도
흉내에 불과한 삶, 한 조각이라도
너를 생각하고, 너만 사랑하고
너와 함께 건너온 간이역에
이미 흐트러진 들꽃처럼
막차를 기다리던 영혼아
하지만, 그리움은 별빛이다

슬픔은 타져 재가 되고
눈물은 말라 꽃으로 피어라

한나절을 날아간 저 갈대숲으로
낯설게 깃을 접는 철새처럼
어디를 가도 그리움은 가슴에 있는 것
태우지도, 피우지도 못한 꽃
그리움은 늘 별빛이다

(글을 쓰고 싶어하는 심정을 뜻함.)

詩 들림

神이 들리듯,
내 알량한 가슴에 詩가 들어
바람만 살랑대도 가슴에서 열불이 나
애꿎은 눈물을 보듬게 된다

보고 듣는 것들이 야금야금
전신으로 퍼져나가면 나는 시의 것이다
철철이 흔들고 간 꽃빛이 옆구리를 파고들면
나는 갈 곳을 잃어버린 시다

뜨거운 피가 온몸을 휘젓고 다니다
살갗을 뚫고 쏟아져나올 때
나는 詩라는 노래를 토해내지만
시가 들린 것뿐이지
결코 시인은 못 되는 것 같다

원고 청탁서

굳게 잠긴 문틈으로
던져주는 찬밥 한 술

출판사의 형편상
원고료는 책으로 대신한다는
통보성 메시지 빼고 나면
눈을 씻고 봐도
이건 상급부대 문서 하달이다

허나,
육신을 태운 잿더미에
혼으로 피워낸 꽃일지라도
목마른 자 우물을 파야
한 모금의 물을 얻을 수 있나니
책 한 권 받고 말 찬밥이지만
국밥처럼 둘러 마시고
동백처럼 붉어지고 싶었다

여인아

고달픈 술에 취해
밤길로 떠난 너를 찾아
세상 밖을 떠돌았다

내 손에 쥐어지지 않는,
너는 너이고
나는 나였을 뿐인데
밤만 되면 가슴속에 울다 가고
철철이 옷깃을 잡고 동동 구르던
계집애 같은 것아

붙잡아다
고대광실 기와집 짓는 것도 아닌데
사월 꽃밭같이 붉었다가
바람 들어 구멍 숭숭한 무 맛일 때도 있었다가

함부로 몸을 내주지 않은
너를 쫓아 이 밤도 거미집을 짓지만

붙잡힐 듯 말 듯
삼거리 다방 불여시
가르마 반듯한 김 마담보다 더 짜디짠
여인아.

(시詩를 쓰려고 애태우는 제 심정을 그린 글입니다.)

생존

사는 방법만 다를 뿐
숨을 쉬고 있는 건 마찬가지다
살기 위해서라기보다
죽지 않기 위해
죽는 순간까지 발악을 할 것이다

어쩌다 흙속이 아닌
별천지 속에 뿌리를 내려
의지할 곳이라곤 없는
망망한 곳,

하루하루가 위태로운
고공행진일지라도
난 푸른 창공을
가까이 볼 수 있음에
가슴이 설렌다

(늦게 시작詩作을 공부하게 된 심정을 씀.)

달맞이꽃

임이라
함부로 담기도 고와서
겨울밤은 하얗습니다

달님이 자꾸 따라와
몰래 눈물 자국을 닦아도
젖은 가슴은
꽁꽁 얼어붙었습니다

임은 저만치서
꽃처럼 웃는데
아, 나는 나비도 될 수 없습니다

그래서 밤은
더더욱 서럽게 깊어 갑니다

어떻게 사느냐구요

어떻게 사느냐구요?
허허 난들 별수 있습니까
세상 일 내려놓고
나지막이 엎드려 살지요

꽃산에서 들꽃과 어울려
꽃빛에 취하다 보니
세상은 호수에 비친 달이요
마음은 나룻배랍니다

어차피 마음대로 안 된 세상
낮추고 비우다 보니
비바람 천둥 번개도 비켜 가고
어둠이 와도 무섭지가 않더이다

산다는 게 뭐 별거겠습니까
바람 소리 귀담아 듣고
달빛 노을에 마음 적시며

봄나물처럼 살다가

훌훌 털고 가는 것이지요

육십 년 세월

나이 육십이 넘다 보니
밤하늘 달도 별도 몰라보더라
수없이 스쳐간 사람들도,
밤이 되면 베갯머리 붙잡던 그리움도
물비늘처럼 씻겨가고
분간도 안 되는 외딴 서러움이
시도 때도 없이 밀려든다

웃었다 하나 의미가 없고
살았다 하나 숨쉬는 것에 불과한 내 노래는
어느 허공에 부서져 있는 것이냐
생각과 꿈들이 어둠에 갇히고
詩는 숨이 차고 목이 마르다

철없는 고향 뒷산이 꽃빛으로 다가와
가슴에 울다 가지만
아! 정녕 육신 마디마디가
나를 밀어내는구나

7

중환자실

사과

널 보면 괜히 슬퍼져
옛날 우리 가난 들었을 때
동네 여자들과
사과 따러 갔던 마누라
온종일 어깨품주고
한 보따리 바꿔온 사과

아이들은 맛있게 먹는데
붉은 몸의 기색으로 누워
한 사흘간 되게 앓았던
먼 여자의 기억…

유달산을 아시나요

유달산을 아시나요, 산을 두루두루 보셨나요
오묘한 바위가 산을 이루고 길도 바위고 앉아 쉬는 곳도 바위지요
사연이 있는 바위, 비밀을 간직한 바위, 할 말이 많은 바위들이 저마다 쭈뼛쭈뼛 얼굴을 내밀고 멀리 기적소리에 가슴을 적시며 살고 있지요
금방이라도 굴러내릴 것 같은 바위 아래 간肝 큰 초가집들이 도란도란 살고요
바위와 바위 사이에서 숨바꼭질하다 들킨 작은 동굴에는 아이들이 숨겨 전설 같은 이야기들이 새록새록 숨쉬고 있답니다

위에서 아래로 일등 바위, 이등 바위, 삼등 바위라 하는데요
봄이면 손가락 바위가 가리키는 곳에 진분홍 창 꽃*이 한두 송이 피어 오가는 계집애들 발을 동동 구르게 하고요 밤이 되면 내 꿈길에 찾아와 달이 지도록 꽃 이야기를 나누던 유달산 바위는 지금도, 내 생각에 목을 한 자나 빼고 밤을 뒤척인답니다

* '진달래'의 방언(강원, 경상, 전남, 충청).

출석시험

환갑이 훌쩍 지나
점잖은 가방을 들고 학교에 들어서니
젊은 학생들이 꾸벅 인사를 한다
좁은 복도에서 힐끗 쳐다보고
얼른 비켜주는 학생들
강의실엔 책을 보느라
숨소리도 안 들린다
옳지! 이때다
발소리를 죽이며 의자에 앉아 책을 폈는데

가만있자,
정지용과 문장파들이 어떻게 되었던가…
내 머리만큼이나 하얀 기억들이 일제히 웃는다

마누라라는 꽃

지캉, 내캉, 나이 스물에 전라도 해남 땅,
풋보리가 파릇파릇할 때
폴폴 날리는 싸리눈을 맞으며 혼례를 올렸지요

참으로, 참으로 피도 안 마른 것들이 사모관대를 차고, 족두리를 쓰고 소꿉놀이하는 것도 아니고 뭐 하는 짓이냐고 마을 사람들은 기도 안 차서 배꼽을 잡다가 하라는 공부는 안 하고 연애질이나 했다고 비아냥거리기도 하고 저것들이 오래 살기나 하겠어? 하고 혀를 툭툭 찬 사람도 있었지요

처가댁에서는 "하나 있는 딸자식 잘못 키운 죄가 크다." 면서 서둘러서 식을 올려주시고 장인 어르신은 돌아서서 몇날 며칠을 혼자 우셨다는데 세상에나 만상에나 우리는 그것도 모르고 "식" 올리는 날만 학수고대 기다렸으니(참으로 죄송할 따름)…

직업 군인이라 전 후방 객지로 돌면서 산전수전 고생보따리이고, 안고 셋방살이 신물나게 하다 보니 집사람도 아이들도 총만 안 쏴봤지 반은 군인이었지요

그래도 아이들이 대학도 나와 주고 나도 무사히 직장을 마쳤는데 마누라는 그새 종합병원이 되고 말았네요

가난을 벗느라 발버둥치고 삶 앞에서 늘 고뇌하는 아내는 청춘의 꽃물이 바래어 버렸지만 그래도 내 눈 속에서는 이 세상에서 제일 아름다운 한 아름의 꽃이랍니다.

약수터 가는 길

무거운 살림살이
시도 때도 없는 근심 걱정
어두운 기억들을 뒤로 하고

한 발자국,
또 한 발자국
숨 가쁜 걸음을 내딛는다

내가 가는 곳은
하늘 저 모퉁이
언젠가 닿을 무거운 저 끄트머리
무심히 멱살 잡던 세상도
못 박힌 한쪽 가슴도
훌훌 날려버리고
새털처럼 가볍고 싶은 곳이다

흘러내리는 땀방울에
교만도, 욕심도 함께 나가라

내가 깨닫지 못한 어리석음도
널리 헤아리지 못한 편견도
함께 나가라

그곳 옹달샘,
한 모금의 생명수로
가슴 한복판을 말끔히 씻어낼지니
아, 산등성이 와락 안기는 눈발처럼
가볍게 내려갈 또 다른 저 세상

김장하는 날

대설大雪, 이쪽저쪽 모윌 모일
날 잡아 모인 토종土種 광장에는
흙에서 태어난 천하에 순박한 것들이
열여덟 가슴이 부푼 채로
바다 저 깊고 푸른,

작아도 맛깔 좋기로 전설이 깊은
짭짤한 것들과 한바탕 어우러져
땅 끝 해남 황토 밭에서
푸르디푸른 것만 보고 자란,
금방 뜯어 온 배추 이파리를 버무리느라
온 집안이 들썩들썩하다

비바람, 따가운 햇살로 품었던
짓궂은 사연들일랑 부디 잊으라고
가슴 속속들이 씻고 또 씻어내서
신안 천일염으로 마감하고 난, 그 여린 가슴에
순박한 것들이 파고들면

올겨울은 덤으로 포근한 셈이다

해남에서 손 끝 맛 좋기로 소문난 형수는
딸, 며느리 줄 것 말고도
서울, 부산 친척들까지도 보낼 형수님 표 김치에
토종土種 땅과 바다의 맛을 연출하느라
하루해가 짧은 날이었다

꽃 한 송이 피우려고

꽃 한 송이 피우려고 토굴로 찾아들었네
누구는 백담사로 가던데
나는 옆구리에 찬 보따리가 많아서 말이야
막상 들어와 보니 음산한 기운에
눈썰미는 어둡고 생각은 가물가물
이따금 잔기침으로 머릿골이 쪼개지는 것 같으이

꽃도 때를 맞춰야 향기가 있지 않겠나
난 언제나 개망초야
돌아서자니 뒤꼭지가 간지럽고
있자니 앞 꼭지가 부끄럽네
잘되면 칠십 안쪽에 꽃을 볼 것이고
못되면 칠십 줄을 문을 상싶으이

누구는 혀를 날름거리고
누구는 혀를 끌끌 차는데
글쎄, 그거야 다 생각 나름 아니겠는가
한 고비 넘고 나니 고지가 눈에 들어오네

기왕지사 토굴에 들었으니 어디,
한양까지 파고들어갈까 싶네 그려

나의 히말라야

영하의 여명黎明.
반이나 되는 달이 남으로 걸려 있다
입김을 날리며 7시 차를 타기 위해 걸음을 재촉한다
오늘 기말시험 성과도 반이나 될는지…
버스에 올라타면서 운전기사님께 "혹시 여유가 된다면
목적지 가까운 곳에 내려 달라."고 부탁을 했다
화가 잔뜩 난 표정으로 투박스럽게 거절했다
자존심이 무너져내리는 것 같았다
나는 또 오래전 직장 상사로 있으면서 남들의 부탁을
거두절미하고 저렇게 잘라버린 적이 없었는지…
내 자신을 뒤돌아보며 마음을 삭인다
도전의 세계란 늘 까탈스러운 것.
여러 가지 의미가 있겠지만 존재를 새롭게 인정받고
확고한 위치에 서기 위해서 더러는 생生사死의 길을
택할 수 있는 것이 사나이의 길이다
내가 지금 오르는 곳도 인생의 팔천 미터 안나푸르나.
그곳을 오르겠다고 할 때 아무도 반기는 사람이 없었다

산수유

노고단 코 아래 산동마을까지
단숨에 달려간 물길이
지리산 정기를 가득 품고
계곡에 주섬주섬 모여들면
봄이 온다고
마른 가지마다 노란 꽃이
지천으로 피어나네

네가 진정 꽃이냐
약이더냐
꽃도 좋고 약도 좋다
산동마을 양반네들 에헤라 좋을씨고
햇살 좋은 이른 봄날
산동에서 살고 지고
꽃 속에 꽃처럼 피어
햇살처럼 살고지고

백화점에서

계절과 유행을 앞서서 유포하는 자본주의의 기린아
윤기 흐르는 대리석, 옥으로 주석을 단 아방궁
현란한 조명 아래 마음까지 조율하는 음악이 흐르고
자꾸 발길을 붙들어 매는 휘황함 속으로
(외상이면 소도 잡는다는 카드를 북북 긁어)
누구나 진시황이 될 수 있는 곳

선남선녀들의 날개, 날개들
아이들 손에 이끌려 매장 안으로 들어서면
가야금 병창 같은 선율의 시간이 태어난다

코디가 되어 걸려 있는 옷가지들 앞에서
불현듯이 어린 시절 한 친구의 얼굴이 떠오른다
송아지만 한 세퍼드가 컹컹 뛰어오르던 고래등 기와집

녀석은 여학생들에게도 인기가 짱이었다
내게 털스웨터와 운동화 꿈을 꾸게 했던 그 녀석
십 리를 걷던 등굣길

주머니 속엔 늘 가난한 어머니가 함께 따라 걸었다

아이들은 겁도 없이 자꾸만 진열대로 필이 꽂히지만
나는 한참이나 쭈뼛거리는 마음이 되어서
희여멀건 얼굴의 옛 친구 생각으로 심사가 젖어든다.

서동 부둣가*

졸음기 덜 가신 눈들로 나와
새벽 장場을 여는 곳
난전에 쪼그려 앉아 놀리는 수저질엔
삼십 년 넘은 이력의 날랜 손놀림들이 맵차다
서동 부두 여자들의 목덜미는 언제나 한기로 붉다

밤바다에 나가 걷어온 그물의 새벽이
마당을 열고 나면,
이번에는 고추며 참깨를 들고 나오는
손짓 발짓들이 한몸이 되어 어울린다
서동의 사람 내음은 늘 요리조리 뒤섞여서 비리거나
알싸하게 풍겨나고

푸득거리던 생물들이 그새
한 접시의 횟거리로 변하는 시간 속으로
여기에선, 어쩌면 삶도 죽음도
어차피 한마당이다

별다른 볼 일 없더라도
이 도시에 한 번 들어선 사람이라면
서동 부둣가는 꼬옥 들러 가시라
말만 잘하면 거저 준다는 옛말은
지금쯤 빈말이 되어 흘러가 버렸더라도
서동 부둣가에 다녀 가시려거든
'잘못 들었더라는' 옛길은 말고
그리운 삼천포 안으로 쑤욱 직진하여 오시라.

* 아침 장이 열리는 삼천포항 서쪽의 부둣가.

중환자실

삶과 죽음의 다리가 걸쳐 있던 곳
내 아이가 열여드레 동안 피를 쏟으며
"살려주세요." 울부짖어도
내 권능 바깥에 있는 일이었다

"네 나이 스물다섯,
나라지킴이를 자원했던
너는 누구보다 강한 정열의 꽃봉오리였지."

누구의 책임인가
어디에도 하소연할 수 없는,
책임져야 할 놈들은 정작
꼬리 자르고 달아난 도마뱀들 같았다

하루를 기다려야만 돌아오는 면회시간
잠깐의 만남 속에서도 나의 능력은
부스러진 건빵 한 봉지만도 못해서
담배 연기만 시월하늘로 뿜어대던

절망, 또 절망

빈 침대가 늘어난 아침은
지나가는 발자국 소리만으로 가슴이 떨렸고
내게 닥칠지도 모를 공포감에 진저리를 쳤다
피 묻은 시트가 둘둘 말려 나갈 때마다
가족들이 오열하다 실신하고 마는
그곳은 또 다른 사형장을 방불케 했다

군의관이 내뱉은 한 마디
운명처럼 내게 닥쳐온 한밤중의 호출,
온 힘을 다해서 잡았던 쇠사슬이 끊어지고
서둘러서 네가 떠나간 자리
내 가슴엔 대못 하나가 녹슬고 있다.

그리움은 별빛이다

박영배 시집

초판인쇄 | 2012년 1월 5일
초판발행 | 2012년 1월 10일

지 은 이 | 박 영 배
펴 낸 곳 | 신아출판사
주 소 | 전주시 완산구 태평동 251-30
전 화 | (063)275-4000
팩 스 | (063)274-3131
E - mail | sina321@hanmail.net
shina321@chol.com

값 8,000원

ISBN 978-89-5925-972-4 03810